# CADA VEZ MÁS TIERRA

Teresa Garbí

# CADA VEZ
# MÁS TIERRA

*Prólogo de* Luis Moliner

**Renacimiento**

www.editorialrenacimiento.com

POLÍGONO NAVE EXPO, 17 • 41907 VALENCINA DE LA CONCEPCIÓN (SEVILLA)
tel.: (+34) 955998232 • editorial@editorialrenacimiento.com

Diseño de cubierta: Marie-Christine del Castillo

DEPÓSITO LEGAL: SE 2447-2023 • ISBN: 978-84-10148-04-8
Impreso en España • Printed in Spain

# CADA VEZ MÁS TIERRA,
## CADA VEZ MÁS LUZ

No es nada extraño que la luz, llamada a la tierra, florezca de una manera especial. Tanto la luz como la tierra. Nada extraño que las innumerables capas geológicas que nos resguardan vayan adelgazándose hasta el puro lienzo, la sábana de luz, ese paño sutil y bondadoso que nos envuelve. Nada extraño para los lectores de Teresa Garbí reencontrarse con esa misma luz –con sus meandros de sombra– que iluminó sus versos cuando aún flota en la memoria el recuerdo imborrable de su último libro. Hay maneras de iluminar, maneras de florecer, y quizás una de las más extremas la que desnuda el alma sin saber el camino, pues no hay camino, la que nos llama y nos mira sin piedad, la que alguien, un gran poeta, ha llamado *fijeza*.

*Cada vez más tierra*, el último libro de poesía de Teresa Garbí, tiene su antecedente inmediato en el libro anterior (*El aire encendido*, Renacimiento) en el que la voz poética pretendía, en un discurso que encendía el aire, establecer un vínculo con los padres muertos, con la clara conciencia de que ese discurso no podía encarnarse en cualquier espacio, solo podíamos hacerlo nuestro sobrepasando un abismo, que es el de la muerte. La palabra poética que atesoraba Teresa Garbí en ese libro era una palabra que caminaba por los bosques en medio de un abismo, que no admitía más retórica que su propia desnudez, ni más contacto físico que su extensión en la muerte. *Cada vez más tierra* vuelve a ese espacio limítrofe y vuelve a esas voces, tan delgadas como las anteriores, tal vez a la espera de una redención imposible, intuyendo el espacio de una resurrección.

El centro generador no es el autor/autora, es la palabra, la palabra poética, la *sustancia devastadora* Y mientras la palabra siga en pie, su discurso no acabará, su mirada no acabará, nos seguirá mirando como un enemigo rumor. A esta mirada enemiga un gran poeta la llamó *fijeza*. Creemos entender que este es el primer paso, en medio de su complejidad, que establece José Lezama Lima en los comienzos de su ambicioso sistema poético.

En realidad, todo discurso poético es una *devastadora sustancia*, una aparatosa tempestad, un brillante naufragio desde donde el náufrago grita desesperadamente sabiendo que los rayos, en vehementes composiciones, y la sintaxis tortuosa acabarán venciendo al caos. El discurso poético que domina el libro de Teresa Garbí son los restos del naufragio, es lo único que queda de un mundo sobre el cual la sustancia devastadora ha pasado su rodillo. Y su lenguaje, tal vez la única manera de resistencia que nos permita alcanzar de nuevo el origen. El origen es la muerte.

En el libro de Teresa Garbí aparece muy pronto la enemiga *fijeza*, pues desde las primeras líneas se nos coloca ante un tablero de cuadros blancos y negros, como si una mano renacentista (el Renacimiento fue otro renacer) y a la vez descontextualizada moviera la realidad y moviera la intriga, anunciándonos que alguien va a caer, algo o alguien tiene que morir. Nuestro enemigo rumor se ha sentado enfrente de nosotros y ha removido las fichas. Nos ha mirado. Nos mira vertiginosamente.

*Ya no somos personas*, se lee, solo muertos. ¿En qué tipo de persona puede pensarse? Se lee:

En la pradera de Asfodelos se escucha un salmo sagrado: la pobreza, el canto de los negros.

9

Vivirán por los siglos de los siglos, fundidos a la tierra, en el barro, para ser barro con toda la humanidad.

Será la única vez que se refiere el texto a un destino de la humanidad. Se erige lo sagrado y la pobreza. Se constituye de nuevo la misma naturaleza, el barro. La única vez que el ser humano parece tener conciencia de su destino. Y la respuesta no puede ser otra. El único destino es la muerte.

Las citas con las que Teresa Garbí suele comenzar sus capítulos son tan oportunas y tan abundantes que merecerían un estudio aparte. Entre las que encabezan el primer capítulo, escogemos la de María Auxiliadora Álvarez, que nos sitúa en una ciudad espectral en la que las escasas formas huyen por los resquicios de piedra. Este escenario va a ser el propicio durante todo el libro, que, superando el toque puntual, adquiere las características necesarias para convertirse en el tipo de ciudad, contraria al bosque, que interesa reflejar. (Obsérvese cómo más adelante el escaso vegetal que crece entre las grietas es prácticamente el único signo de vida). Enemigos. Un cruce de miradas y la *fijeza*. La sustancia devastadora dispuesta a destruirlo todo. El lenguaje acaso la última forma de resistencia.

Tan bien insertados suelen aparecer los epígrafes que se diría forman un cauce, el mismo cauce (no hay otro) que el que forma el hilo sutil del poema. Resulta difícil pensar que ese cauce pueda desbordarse, pero sí alcanzar los bordes de una poesía tan cercana al silencio. Así es como se construye el menos es más. Así es como se consigue un ritmo que podríamos llamar binario en el que las expresiones suelen presentarse muy frecuentemente por parejas.

Alcanzar los bordes de la poesía. Tal vez una obra se distinga de otra por el caudal de sugerencias que aporta. Una poesía caudal llena de agua hasta el borde puede conducir la imaginación hacia un cuadro de Tiziano de la *Galleria Borghese*. Allí el amor sacro y el amor profano, sentados a los lados de un sarcófago, lleno de agua hasta los bordes y algunas flores, enmarcan la figura de un *putto, el centro de los centros*, que juega con el agua. Una perspectiva frontal en la que todo es centro sirve quizás para establecer el centro de la vida en el juego de ese niño que nos recuerda a Eros. Sin confundir Eros con lo erótico, nos parece ver en ese niño del cuadro de Tiziano que juega con el agua, el símbolo que ha sobrepasado ya la imagen. Él puede jugar con el agua (la de la vida y la de la muerte), a diferencia de esa niña que más tarde aparece extraviada en la memoria no con la suficiente luz como para haber vencido la resistencia de la muerte.

En el ámbito griego, lo mismo que en poesía y en las demás artes, la imagen viene a ser la realidad del mundo invisible. Es de imaginar la batalla entre el poeta y la sustancia devastadora, que impide a toda costa su realización. Pero sigamos a Lezama: «así los griegos colocaban las imágenes como pobladoras del mundo de los muertos. «Yo creo que la maravilla del poeta es que llega a crear un cuerpo, dice Lezama, una sustancia resistente enclavada entre una metáfora, que avanza creando infinitas conexiones y una imagen final que asegura la pervivencia de esa sustancia, de esa *poiesis*».

Parquedad en el decir que se manifiesta a través de la palabra y encuentra su correspondencia en su capacidad de ver. No hemos venido a ver, ni hay nada que ver, solo los restos de un mundo que fue mundo y unas imágenes que reconozco como los habitantes del mundo de los muertos.

A modo de esperanza, ocurre (sucede ¿dónde?) algo que no estaba previsto: aparece una niña y con ella el escenario cambia de repente. No importa que los tiempos coincidan o se desdigan. Se reconocen. Es el reconocimiento de la infancia. Parece un personaje venido de un cuento. No es la imagen, no es la muerte, no parece habitar en el mundo de los muertos. No es el imposible de la muerte. No es la tierra, pero cada vez más tierra. Es la luz, cada vez más luz.

Es para mí un placer y una oportunidad la que aquí se me brinda para leer unas pocas letras sobre mi amiga, la profesora y poeta Teresa Garbí. Cada vez que recibo de ella un libro recién publicado, ya sea de poesía o de prosa, pienso que la calidad está asegurada, que su alcance será extremo, que su palabra, rigurosa y exquisita, como la de pocos sabios. Y como la calidad de la palabra suele ir acompañada de cualidades humanas brillantes y nobles, desde estas líneas quiero felicitarla porque su nuevo libro nos sigue aportando la claridad de siempre. Cada vez más tierra, pero también más luz.

LUIS MOLINER
*Agosto, 2023*

# CADA VEZ MÁS TIERRA

*A mis nietos, Teresa y Guillermo*

«En este mundo todo es posible».

Isak Dinesen,
*El festín de Babette*


«somos hijo tenues resplandores
de otra luz Niebla desapareciendo
en resquicios de piedra».

María Auxiliadora Álvarez,
*La mañana imaginada*

# I

# EN ESPERA

# PRÓLOGO

En Verona, ciudad antigua, dueña de tantas pestes, de tantas rosas, la muerte clavó su desafío. Sobre un tablero blanco y negro escribió la huida: el tren lleno de desterrados, entre la nieve y el mar, solos, como todos los desterrados del mundo.

# TODA LA VIDA EN EL AIRE

## I

Escucho el silencio de la ciudad
desierta.

El canto de los pájaros dibuja
bosques.

## II

Llueve sobre el mundo detenido.
La tierra reposa y brilla el aire.
Grillos y abejas, tejones y zorros han vuelto.

Han vuelto cuando la Danza de la Muerte
nos hace saltar.

La arena y la nieve lo cubren todo.

Cada vez más tierra.

## III

La muerte se ha llevado
las palabras de los muertos:
—Era todo un engaño, han dicho.

Y se han ido, mientras contemplan
a otros muertos que los aguardan.

## IV

Abrir la tapa del frasco de miel
y aspirar su perfume blanco:
Toda la vida en el aire.

# II

# EL BOSQUE

«Nunca se sacian
mis ojos del intenso
verdor del bosque».

SUSANA BENET,
*Grillos y lunas*

Ya no es una palabra de papel.
Ahora tiemblas: reconoces la muerte.

La viste hace tiempo dentro de ti,
puesto que venías de la muerte.

Ha de ser lo que quiera el que es.

*[ NO TE ACOMPAÑAN LOS GRILLOS... ]*

No te acompañan los grillos,
ni escuchas el rumor de los arroyos.

La casa y tú, los pasos, el silencio.

CUÁNTA tierra en el canto de un pájaro:
bosques, selvas, cielos estrellados.
En un solo tono.

Mientras, se derrumba el mundo.

Miras por la ventana:

naves industriales, casas oscuras,
un muro repleto de nichos.

Estás al otro lado, en el bosque,
mientras oyes el aullido de sirenas
que lo desmiente.

## [ HAS SUBIDO A LA COLINA... ]

Has subido a la colina
de muertos.

Desde allí has visto
el mar.

## [ *NO SABES NADA...* ]

No sabes nada.

Ahora, los dioses pájaros pesarán tus cenizas,
y a ti te pesará haber nacido.

DEJA que todo te recuerde a los muertos.
Deja que te hablen.
No te inquiete.

HAS PISADO el abismo.

—No volver. Ser tierra.

Abres la estela blanca de la nieve y respiras en ella.

# III

# PARADA FORZOSA

«¿No la recuerdas, viajero?
Esta es la casa que te espera, tu casa.
No tengas prisa en penetrar en ella.
Es tu profunda casa,
donde los ecos de tus pasos
se adentran.
Abre primero la gran puerta,
y aspira, aspira el frío,
el vaho, y avanza a tientas,
hasta tu cuarto oscuro
donde tu voz resuena».

CÉSAR SIMÓN,
*Precisión de una sombra*

## [ NO ES HORA DE LAMENTACIONES... ]

No es hora de lamentaciones.
Ha ocurrido y no hay regreso.
Ya nada queda por hacer.
Sólo el asombro por esta vuelta
de tuerca inesperada.

SE HAN DETENIDO los días.
Parada forzosa.
Se frenan las imágenes, se aplastan.

Debajo, la infancia, las pobres
horas que vivimos
y no nos salvan.

Sɪɴ ʟɪʙᴇʀᴛᴀᴅ.
Qué frágil e incierta la vida.

Ya no somos personas, sólo muertos,
un código de barras,
sin tierra.

## [ TRES PERROS CAMINAN... ]

TRES PERROS caminan en la oscuridad,
con desasosiego, inquietos.

Los han abandonado.

Se entregan a la noche, herida el alma.

SÓLO CONOZCO fragmentos de historias:
un bosque, un campo labrado,
hierba roja y naranja,
quemada por el sol.
Ningún camino.

Hay huellas y sombras, claras y grises,
que se deslizan en el aire.

Hablamos de otra cosa,
cercados por la oscuridad.

## [ EN LA PRADERA DE ASFODELOS... ]

En la pradera de Asfodelos se escucha un salmo sagrado: la pobreza, el canto de los negros.

Vivirán por los siglos de los siglos, fundidos a la tierra, en el barro, para ser barro con toda la humanidad.

## [ ENTRAS EN EL MAR. RECONOCES... ]

ENTRAS en el mar. Reconoces su latido, su espuma, los corales muertos.

Nadas y besas el barro de los muertos, cruzas las olas de su tierra. Ellos no han escrito, no han hablado, no queda huella de su paso. Vinieron para borrarse en el mar. Alimento para los peces que nos alimentan.

# [ *MIRA EL CIELO: NO SABES SI...* ]

MIRA EL CIELO: no sabes si las luces que brillan son estrellas o basura espacial.

Entra en el mar, lleno de cadáveres y de plásticos.

La pandemia corta cabezas en la tierra de los pobres.

Sigue la Danza de la Muerte.

IV

BROTES

«El lenguaje es mi esfuerzo huma-
no. Por destino tengo que ir a buscar
y por destino regreso con las manos
vacías. Mas regreso con lo indecible.
Lo indecible me será dado solamen-
te a través del lenguaje. Sólo cuando
falla la construcción, obtengo lo que
ella no logró».

CLARICE LISPECTOR,
*La pasión según G. H.*

TRES FLORES han brotado en una grieta
de mi casa.

Las riego: son mi jardín.

Tres flores perseveran para salvar
al mundo.

Todo está en orden:
Somos prisioneros
pero canta el ruiseñor
en el jardín
y corre el cervatillo
por la ciudad desierta.

# [ HAS VENIDO PARA VER LOS ÁRBOLES... ]

Has venido para ver los árboles, la luz que se filtra entre las hojas, el agua.

Has venido para escuchar el canto del grillo y de los pájaros.

Eres testimonio de algo que brilla en la sombra y nunca ha dicho nada.

## [ EL BOSQUE ESTÁ CONMIGO... ]

EL BOSQUE está conmigo.
La lluvia ha cruzado la habitación
y el viento la ha empujado lejos.

Hablan las palabras
de la tierra
que las mueve.

«Yo soy la Muerte y a todos abrazo
por igual», ha dicho.

Hemos jugado la partida,
blanca y negra.

Detrás, una playa, un bosque.

No estamos solos:
aroma de tierra en nuestra piel.

## [ *VIDA Y MUERTE NO SON LO MISMO...* ]

Vɪᴅᴀ ʏ ᴍᴜᴇʀᴛᴇ no son lo mismo, pero es fácil la transición:

Cruzas espacios que reconoces
y estás al otro lado, sin rotura, ni dolor.

Te darás cuenta del engaño: eso es todo.

También lo innombrable existe. Sucederá.

## [ *EN LA AZOTEA HAY CHARCOS...* ]

EN LA AZOTEA hay charcos, colillas,
trozos de alambre, antenas, muros
desgastados, gris y ocre, cables, puertas.

Cinco caléndulas han brotado en una grieta
del suelo de barro.

Una paloma alza el vuelo desde
la chimenea.
Bate las alas y desaparece.

## [ UN PÁJARO CANTA... ]


UN PÁJARO canta.

Dejas el balcón abierto.

Has entrado en el corazón del bosque,
sin caminar,
a solas con el canto que te alumbra.

Has visto la alegría del perro,
al contemplar la hierba verde y alta.

También tú, como él, vas a entenderlo todo,
y entonces sonreirás.

## [ *NO ES LA REVANCHA NI EL ODIO...* ]

No es la revancha ni el odio lo que cuenta al final.
Sólo algo leve que hace sonreír: apenas un brillo, casi nada.

HAS ENTRADO en la habitación oscura.
Has notado aroma de jazmín.

—Sí, las huellas olvidadas,
la claridad de un bosque.

Eso es lo que queda.

## [ *HAS ABIERTO LA VENTANA...* ]

HAS ABIERTO la ventana.

En la oscuridad, las pobres bestias resplandecen.

Sientes su temblor en la noche fría.

## [ *EL LASTRE DE LA VIDA...* ]

El lastre de la vida:
«No sé nada», has dicho.

Imposible discernir,
sin fuerzas, sin voz.

## *[ EN LA NOCHE SILENCIOSA... ]*

EN LA NOCHE silenciosa de la casa escuchas el tic tac de un corazón, que se mueve con afán.

Es un pequeño reloj de cocina. En él suena el latido del mundo.

Una niña entra en el bosque. Señala el techo de ramas y la hierba. Acaricia la corteza de los árboles, las hojas, las flores diminutas: ese rastro sagrado.

## [ PITOSPORO, BUGANVILLA... ]

PITOSPORO, buganvilla. Has pasado cerca, sin mirar.

Aún no has bajado a la tierra.

*[ UNA NIÑA PERDIDA ENTRE LA MULTITUD... ]*

Una niña perdida entre la multitud. Ruido y palabras oscuras. Podría escucharlas otra vez y quizá se abriera la puerta y lo entendería todo.

## [ *HAY LUNA LLENA...* ]

Hay luna llena.

Los jabalís hozan en la tierra.
Los pájaros esponjan sus alas.

Sobre un muro de piedra
asoman unas lilas.

La soledad perfecta del paisaje,
sin personas.

La mañana de abril se enciende:

Aroma de azahar que ha vuelto a casa.

No hay nadie.

HAN BROTADO azahar y lilas,
lirios y narcisos;
verdes estallan árboles y prados;
se afanan las abejas y canta el ruiseñor.

Nadie respira ni escucha
esta primavera solitaria
que la muerte nos ha robado.

*[ NOS HAN ROBADO ESTA PRIMAVERA... ]*

Nos han robado esta primavera.

Aroma de azahar en la habitación.

VIOLETAS en un prado, en la montaña,
bajo la sombra de un pino albar.

Nadie las contempla.
Sube el sendero hasta la cumbre,
teñido de azul.

# [ *UNA MOSCA SE HA PARADO EN* MAÑANA... ]

UNA MOSCA se ha parado en *mañana,* cuando escribes. Antes, te ha hecho compañía. Ha paseado por tu mano, hechizada por las grietas y colinas que se abren a su paso.

Tal vez piense, como tú, en los ojos que la observan.

Luego, se ha caído en la palabra. Ahí se queda un buen rato, ensimismada, en su *mañana* de papel.

Ha visto en ella árboles frondosos, ríos, montañas, aire azul: lo que tú querías decir al escribir *mañana.*

# V

# AROMAS

«Me he dicho hoy:
"qué sabes tú de cierto,
sino que amas"».

VICENTE GALLEGO,
*Un gramo menos*


«Sentirse en ese estar extraño,
ocupar un lugar inhóspito, desalojar el aire,

estar ahí,
estar aquí

sierpe de tiempo en espiral de humo».

JOSÉ LUIS FALCÓ,
*Penúltima piel*

## [ BASTA CON MIRAR... ]

Basta con mirar: creo el aire y la tierra que me sostienen.

## [ *LLUEVE...* ]


LLUEVE.

Pasa una urraca:
Se escucha el graznido de una gaviota,
un zureo de palomas.

En un balcón un perro grande
mira otras casas, el patio.

Resbala su mirada,
lentamente.

## [ LA CASA, UN FUEGO DEVASTADOR... ]

LA CASA, un fuego devastador,
historias que arrollaron nuestro tiempo:
todo aquello fue la vida.

Éramos tierra
y nos convertimos en cenizas
y en ramas secas.

# [ ESTABA EN OTRO SITIO... ]

Estaba en otro sitio:
en la casa de los padres.

Era el ángulo blanco,
la madera antigua,

Y yo tenía la piel de entonces,
el alma.

CADA vez más tierra, con todo el peso de la vida.

En la tierra estáis, esperando mi muerte,
para ser tierra conmigo.

Pasos por la montaña.
Entre las rocas se desliza el agua,
verde esmeralda.

Es el paisaje de los muertos:
caminos de hielo y nieve
funden sus recuerdos.

## [ *SALEN DE LA SOMBRA...* ]

Salen de la sombra, traen los platos porque quieren ayudar.

Sólo ves su espalda y a alguien que se ha ido. Ha dejado algo especial. Lo has probado. Es brillante, no ceniza, eso dice ella, la muerta, mientras se marcha, después de traerte compasión.

Yo miro desde su primer plano. Sé que es ella y era el banquete, la rosa.

## [ *UN CUERPO EN TIERRA...* ]

Un cuerpo en tierra se convierte en árbol y en roca.

*[ ALGUNA VEZ, AL PASAR LAS PÁGINAS... ]*

Alguna vez, al pasar las páginas de un cuaderno en blanco, encontraré el poema.

Sɪ ᴛɪᴇɴᴇꜱ que morir,
no importa:
vivirá tu tierra.

## DEDICATORIAS

«Toda la vida en el aire». A Pablo Blanco y Alba Izquierdo.
«[ *Has pisado el abismo…* ]». A Luis Granell, *in memoriam.*
«[ *Tres perros caminan en la oscuridad…* ]». A Rosa Blasco.
«[ *Entras en el mar…* ]». A Felisa Salguero y Luis París.
«[ *Un pájaro canta…* ]». A Rosa González de Garay.
«[ *Una niña entra en el bosque…* ]». A Teresa López Casabó.

# ÍNDICE

V

AROMAS

*Cada vez más tierra*
de Teresa Garbí
salió de la imprenta el
3 de enero de 2024